EN ALSACE

PAR

XAVIER MARMIER

DE L'ACADÉMIE FRANÇAISE.

EXTRAIT DE LA REVUE BRITANNIQUE

Avril 1884.

PARIS

BUREAUX DE LA REVUE BRITANNIQUE

RUE DE LA VICTOIRE, 71

1884

EN ALSACE

PAR

XAVIER MARMIER
de l'Académie française.

Souvent, par les yeux de la mémoire, je la revois cette chère Alsace, telle que je l'ai vue quand elle était un des remparts, une des guirlandes, un des trésors de la France, quand personne ne pouvait imaginer qu'elle nous serait enlevée. Dès le jour où j'appris à la connaître, je l'aimai. En la quittant, je désirais y revenir, et que de fois j'ai repris le chemin de cette attrayante région ! Que de rêves juvéniles j'ai promenés sur les rives du Rhin, et de l'Ill, la jolie rivière qui a donné son nom à l'Alsace (1). Que d'heureuses excursions j'ai faites dans la vallée qui s'étend de Strasbourg à Bâle. Y en a-t-il une autre plus belle, plus fructueuse, plus intéressante ?

D'un côté, les cimes ondulantes des Vosges ; de l'autre, les teintes bleuâtres de la forêt Noire. Entre ces deux chaînes de montagnes, un jardin de fleurs et de fruits ; les plantes employées par l'industrie du tisserand et du teinturier ; les plantes alimentaires ; les plantes qui égayent le riche et le pauvre, les ceps de vignes, les hautes tiges de houblon, les feuilles de tabac et les plantes bénites que l'on recueille pour les malades. Pas une parcelle de ce sol d'Alsace n'est perdue, dit

(1) Au septième siècle, *Alsatia*; au huitième, *Elsasse. El*, l'ancien nom de l'Ill, et *Sazze*, ancien mot allemand qui signifie *habitant* (Bacquol, *l'Alsace*, p. 1).

M. Grad, et les cultures sont si bien faites que souvent le laboureur tire de son champ deux récoltes (1).

A travers cette plaine féconde, sur les coteaux qui la dominent, çà et là s'élèvent les actives manufactures, ça et là des cités considérables ; de distance en distance, les tours démantelées, les remparts des vieux manoirs ; de toute part, « les habitations agricoles avec leurs longues toitures sous lesquelles sèchent les feuilles de tabac, leur charpente en bois sculpté, leurs fenêtres garnies de petites vitres rondes, la grange et l'étable, le verger et le potager » (2).

Trois châteaux sur une montagne, dit un ancien dicton ; trois églises dans un cimetière ; trois villes dans une plaine, telle est dans toute son étendue l'Alsace (3).

Ces montagnes, ces châteaux, ces églises ont leurs légendes qui, d'âge en âge, se transmettent au foyer du paysan. C'est une de ses richesses d'esprit et de cœur, le trésor de la tradition, le Folklore héréditaire.

Plusieurs de ces légendes glorifient les combats et les vertus de ses aïeux. D'autres lui expliquent les phénomènes géologiques et météorologiques par une fiction, tout aussi admissible peut-être que la théorie de la science, et plus agréable. Il y a de ces légendes qui l'émerveillent par des scènes féeriques ; il y en a qui le font gaiement rire, et il y en a qui, par une fable ingénieuse, par une image touchante, lui donnent une leçon d'humilité et de charité.

A l'exemple des deux frères Grimm, ces deux illustres maîtres, un laborieux et intelligent chercheur, M. A. Stœber, a recueilli, avec un zèle dont on ne saurait trop le remercier, les légendes de son pays d'Alsace (4).

Plusieurs de celles qu'il a publiées sont d'origine étrangère.

(1) *Heimaths Kunde*, p. 34.

(2) Maurice Engelhard, *Souvenirs d'Alsace*, p. 144.

(3) Drei Schlœsser auf einem Berge
Drei Kirchen auf einem Kirchhoffen,
Drei Staett in einem Thal,
Ist das ganz Elsass überall.

(4) *Die Sagen des Elsazzes*, in-8°. Saint-Gall, 1858.

Comme les oiseaux, comme les germes des plantes, comme les troncs d'arbres que le *Gulf-stream* roule dans ses flots, la poésie populaire voyage au loin et s'arrête en différentes régions. Au moyen âge, combien de contes d'Orient ont été importés en Europe par les pèlerins, par les croisés et les marchands ! La traduction en a d'abord altéré le texte primitif. Selon la nature, le caractère, les coutumes de la contrée où ils sont introduits, ils subissent encore diverses modifications. Puis les voilà naturalisés, on les incorpore dans la collection des contes indigènes, et la vieille femme qui les répète en filant sa quenouille et l'auditoire qui les écoute ne se doutent point du long chemin qu'ils ont fait.

Telle est la gloire de ces naïfs récits. Ils ont éclairé l'ignorance de l'enfant et ravivé la mémoire du vieillard. Ils ont, par la transmission orale, ému et charmé les générations de plusieurs siècles. Maintenant nous les voyons correctement imprimés dans tous les dialectes, entourés d'images artistiques, annotés par le philologue, commentés par le moraliste. L'humble littérature du peuple est devenue une littérature scientifique dans laquelle la France s'est acquis une nouvelle distinction. Mais qui prévoit jusqu'où peut aller la science ? N'a-t-on pas découvert dans l'histoire du Petit-Poucet et de Cendrillon deux mythes astronomiques ? Non. C'est impossible. Oh ! valeureux Petit-Poucet, et vous, douce et belle Cendrillon, je me souviens de l'émotion que je ressentais dans mon enfance en apprenant vos infortunes. Vraie était cette émotion, vraie aussi est votre histoire, et jamais on ne me fera croire que vous n'avez réellement pas existé.

Sauf quelques fleurs exotiques, le livre de M. Stœber est essentiellement alsacien. L'une de ces plus mémorables légendes est celle de sainte Odile. Elle nous représente le combat de la vertu contre la fureur barbare, la victoire de la douceur sur la violence, la chute du paganisme, le triomphe de l'Évangile. Dans cette miraculeuse épopée, les pierres mêmes s'attendrissent à la vue de la jeune sainte. Poursuivie par une troupe d'hommes féroces, elle s'arrête au pied d'un roc, elle ne peut aller plus loin. Ses ennemis vont l'atteindre.

Alors le roc se déchire, lui ouvre un passage dans ses cavités, puis se referme sur elle. De ce même roc, quand elle le quitte, jaillit une source limpide qui guérit les maux d'yeux.

Sainte Odile est la patronne de l'Alsace. Chaque année, une quantité de catholiques vont en pèlerinage sur la montagne où, en 690, elle fonda un couvent; où, en 720, elle exhala, les mains jointes, son dernier souffle en une dernière prière (1).

Je me rappelle le jour où, pieusement aussi, je voulus aller voir ce lieu vénéré. En été, par un beau temps, quel charmant voyage. De Strasbourg à l'Odilienberg quelle variété d'aspects ! D'abord une grande plaine qui, par ses morcellements de terrain, ressemble à un échiquier où brillent toutes sortes de couleurs, les épis de blé près des tiges de tabac, la garance et le colza, le chanvre gris et les verts légumes.

A l'extrémité de cette plaine s'étend le magnifique rideau des Vosges. Au premier plan, des pentes ondulantes couvertes de vignes; au second, d'épaisses forêts; au troisième, les cimes de cette chaîne de montagnes qu'on appelle des *ballons* en raison de leur forme arrondie. Ne sont-ce pas en effet des ballons d'où l'on plane comme l'aigle, dans la région des nuages, sur le vaste espace ?

Là, le vallon d'Andlau, avec ses frais abris, ses cascades, son ancienne cité féodale, et les deux tours de son château, debout comme deux témoins d'un cycle historique, comme deux colonnes milliaires sur la route du temps. Ici la ville de Barr avec ses riches vignobles, ses riantes maisons, ses filatures et ses scieries.

Au-delà d'Andlau, les ruines du château de Spesbourg, jadis résidence de la noble famille des Diko qui s'éteignit au quatorzième siècle.

Au-delà de Barr, les larges pans de mur du château de Landsperg, qui fut construit au douzième siècle et longtemps habité par une des plus illustres familles de l'Alsace.

(1) *Beschreibung von Hohenburg.* — Un très intéressant livre publié en 1781 par M. A. Silbermann, continué et réimprimé avec de curieuses gravures, par M. A. Strobel. Strasbourg, 1835.

Plus loin, les profondes forêts où campent ces cohortes de bûcherons, ces *schlitters* dont un artiste de grand mérite, M. Schuler, a si bien représenté les physionomies, les travaux et les périls.

A travers ces forêts, un sentier serpente jusqu'au Maennelstein, entouré d'un rempart de grosses pierres qu'on appelle le *mur païen* ou le *mur du diable*.

Non loin de ce mur du diable est la maison de Dieu, la chapelle de sainte Odile, le couvent hospitalier, puis l'esplanade, où l'on ne peut s'arrêter sans se sentir saisi d'une religieuse pensée, à l'aspect du tableau qui se déroule aux regards; ici, un océan de forêts; plus loin, l'immense plaine d'Alsace; à droite de ce panorama, les tours massives de l'église de Bâle; à gauche, la merveilleuse flèche de la cathédrale de Strasbourg; le Rhin, qui à cette distance apparaît comme un fil d'argent, et à l'horizon lointain, les cimes de neige des Alpes.

Je me rappelle les bonnes heures que j'ai passées à Strasbourg, les *Kraenzele* littéraires, les soirées de l'Ilejar, dans la maison de mon ami Fritz Berger, avec ses savants convives et mes songes de voyageur sur la terrasse du dôme, d'où l'on voit les hommes si petits dans les rues, l'espace si grand du côté de l'Allemagne et de la France, et la couronne de la tour pyramidale qui s'élance si haut vers le ciel.

En 1793, le citoyen Teterel, un des maîtres du club des jacobins de Strasbourg, demanda qu'on détruisît cette flèche sans pareille, attendu, disait-il, que par ses proportions excessives elle blessait l'égalité.

Dans la frénésie révolutionnaire cette stupide requête semblait toute naturelle. La difficulté seulement était d'aller à cinq cents pieds en l'air démolir la solide construction. Un autre jacobin eut une lumineuse idée. Il dit qu'on pourrait faire du monument du fanatisme un monument républicain, en plaçant à sa sommité le signe du sans-culottisme, le bonnet rouge. On applaudit à cette motion. Les ferblantiers se mirent à l'œuvre et le catholique édifice du moyen âge fut coiffé d'un énorme bonnet rouge en tôle.

Je me rappelle les jours d'automne si vite écoulés dans le village de Saint-Louis. Là furent mes meilleures joies. Là sont maintenant mes tombes.

La terre d'Alsace si fertile, mais trop petite pour constituer un Etat indépendant, a toujours été convoitée par les puissances voisines. En 925, elle fut avec la Lorraine adjointe à l'empire germanique par Henri l'Oiseleur (1). En 1643, elle fut cédée à la France par le traité de Westphalie dans les termes les plus explicites.

« L'empereur, tant en son nom qu'en celui de la maison d'Autriche, comme aussi l'empire renonceront à tous droits, domaines, propriétés, possession et juridiction qui ont jusqu'ici appartenu à l'empire, à l'empereur, ou à la maison d'Autriche, sur la ville de Brisach, le landgraviat de la haute et basse Alsace, sur le Sandgau et la préfecture provinciale de dix villes impériales qui sont situées en Alsace, savoir : Haguenau, Colmar, Schlestadt, Wissembourg, Landau, Obernai, Rosheim, Munster, au val Saint-Grégoire, Kaisersberg, Turckheim, tous les villages et tous les droits quelconques qui dépendront de ladite préfecture provinciale et les transporteront tous et un chacun d'iceux au roi Très Chrétien et au royaume de France, en sorte que la ville de Brisach et les quatre villages qui lui appartiennent, le landgraviat de l'une et de l'autre Alsace, le Sandgau et la préfecture provinciale sur les dix villes et lieux dépendants ; en outre, les vassaux habitants, hommes, sujets, villes, châteaux, villages, forteresses, bois, mines d'or et d'argent, et autres minéraux, rivières, ruisseaux, pâturages, tous droits, régales, appartenances avec toute sorte de juridictions, de supériorité et de suprêmes domaines appartiennent dès à présent et à perpétuité au roi Très Chrétien et à la couronne de France, et qu'ils soient censés lui appartenir sans aucune contradiction de la part de l'empereur, de l'empire, de la maison d'Autriche, ou

(1) Les délégués de Saxe et de Franconie qui allèrent annoncer à Henri son élection au trône impérial le trouvèrent dans les montagnes du Harz, occupé d'une chasse aux oiseaux. De là, son surnom d'*oiseleur*. Kohlrausch, *Histoire d'Allemagne*.

de quelque autre que ce puisse être, de manière qu'aucun empereur ni aucun prince de la maison d'Autriche ne pourra en aucun temps prétendre ni usurper un pouvoir ou droit quelconque sur lesdits pays tant en-deçà qu'au-delà du Rhin (1). »

Strasbourg restait en dehors de ce traité, à l'état de ville libre et impériale tenant séance aux diètes de l'empire, avec les souverainetés de premier ordre. Mais sans violence, sans aucune effusion de sang, par de pacifiques arrangements elle devait être aussi annexée à la France. Voici le fait qui a été raconté par plusieurs historiens :

«Un matin, M. de Louvois, ministre de la guerre, fit appeler M. de Chamilly pour le charger d'une mission et lui donner des instructions en ces termes : « Partez ce soir même « pour Bâle, en Suisse. Vous y serez dans trois jours ; le quatrième, à deux heures précises après midi, vous vous établirez « sur le pont du Rhin avec un cahier de papier, une plume et « de l'encre. Vous examinerez et écrirez avec la plus grande « exactitude tout ce qui se passera sous vos yeux pendant « deux heures. A quatre heures précises, vous aurez des chevaux de poste à votre voiture ; vous partirez, vous courrez « jour et nuit et m'apporterez votre cahier d'observations. A « quelque heure que vous arriviez, présentez-vous chez moi. »

M. de Chamilly, quoique fort étonné d'une mission qui lui semblait puérile, obéit. Il arrive à Bâle, se place au jour et au moment indiqués sur le pont, et écrit tout ce qu'il voit passer. C'est une marchande fruitière avec ses paniers, un voyageur à cheval, en habit bleu, un paysan, des portefaix, etc. A trois heures, un homme en veste et culotte jaune s'arrête au milieu du pont, s'avance du côté du fleuve, s'appuie sur le parapet, regarde l'eau, recule d'un pas, et avec un gros bâton frappe trois coups bien distinctement sur la balustrade. Tous ces incidents et bon nombre d'autres qui paraissaient sans importance sont notés ponctuellement. Quatre heures sonnent. M. de Chamilly remonte dans sa voiture, arrive chez le mi-

(1) Le Roy de Sainte-Croix, *les Anniversaires glorieux de l'Alsace*, p. 10.

nistre le surlendemain avant minuit, confus de n'apporter que des notes si insignifiantes. Les portes de l'hôtel sont aussitôt ouvertes. M. de Louvois prend avec empressement le cahier de papier et lit, et lorsqu'il arrive à la mention de l'homme en veste jaune, la joie éclate sur son visage. Il se rend chez le roi, le fait réveiller, cause un quart d'heure au chevet de son lit, puis, en toute hâte, expédie quatre courriers qui depuis quelques heures étaient prêts à partir.

Les trois coups frappés sur le parapet à une heure convenue étaient le signal du succès de la négociation engagée entre M. de Louvois et les magistrats de Strasbourg (1).

Trois semaines après, le 23 octobre 1681, Louis XIV entrait triomphalement dans la vieille cité impériale, réunie désormais à la France. L'ancienne bannière de Strasbourg semblait annoncer cette union. Elle représente la Vierge avec l'enfant Jésus, tenant à la main une fleur de lis.

Comment, après deux siècles, cette heureuse alliance a-t-elle été rompue? Hélas! nul de nous ne peut l'oublier.

Un Alsacien, que la guerre a exilé de son foyer, a fait un tableau idyllique de la blanche maison qu'il occupait avec sa femme et ses enfants, en été, à la campagne, près de Strasbourg, et au mois d'août 1870 il écrit :

« Deux mois se sont passés. La soirée du 24 août est sombre, le temps humide et le ciel couvert de nuages. La maison blanche est toujours là, encadrée de verdure, mais comme la scène a changé !

« Dans la cour est établie une cantine où sont attablés des soldats allemands coiffés du casque à pointe de cuivre. Des factionnaires veillent aux portes armés du lourd fusil à aiguille. Sur la terrasse sont réunis plusieurs officiers prussiens. Ils boivent de la bière et fument des cigares. Leurs regards sont tournés vers la cathédrale de Strasbourg, dont la flèche dentelée se détache en noir sur le ciel gris. On dirait qu'ils sont dans l'attente d'un spectacle. Ils regardent l'heure à leur montre et s'impatientent.

(1) Coste, *Réunion de Strasbourg à la France*, p. 18.

« Il règne un grand silence. Pas un passant dans le chemin ; pas une voiture sur la route. Tout est morne et sombre. Tout à coup, on entend sonner au loin l'heure. La cloche de la cathédrale tinte huit fois. C'est le glas funèbre de l'antique capitale de l'Alsace.

« Aussitôt éclate un bruit épouvantable. Cent pièces d'artillerie détonent à la fois. De tout côté, les projectiles sont lancés et convergent sur Strasbourg. Les bombes tracent dans l'air leurs sillons de feu. Les obus sifflent et éclatent. Les gros mortiers établis au-delà du Rhin dominent ce vacarme de leur tonnerre formidable.

« La forteresse répond par tous les canons de ses remparts, et la vieille cité apparaît au milieu d'une ceinture de feu.

« A ce spectacle sinistre, les Prussiens poussent un triple *hurrah*. La joie et la haine éclatent sur leurs visages.

« Au-dessus de Strasbourg s'élève une épaisse fumée, que parfois le vent agite comme un immense drapeau noir. Bientôt les flammes jaillissent ; la grêle des projectiles allume partout des incendies. La clarté qu'ils projettent est telle que l'on aperçoit comme illuminés les grands édifices, les hautes toitures, les clochers des églises. La cathédrale est intacte encore, et sa masse colossale se dresse majestueusement et semble grandir au milieu des ruines qui l'entourent.

« On peut compter un à un les édifices qui brûlent. Ici, le faubourg et les casernes ; là, le musée de la place Kléber ; plus loin, le temple neuf et la bibliothèque avec ses manuscrits précieux, ses médailles, ses trésors accumulés depuis des siècles. D'immenses gerbes de flammes s'élèvent vers le ciel, et les papiers qui brûlent tourbillonnent au loin en vives étincelles. L'ennemi dirige ses projectiles vers les foyers d'incendie pour rendre tout secours et tout sauvetage impossibles. Ce sont d'énormes brasiers au milieu desquels les bombes et les obus font explosion. Détonations incessantes, longues paraboles lumineuses dans le ciel noir, éclatement sinistre des incendies, une mer de feu (1). »

(1) Maurice Engelhard, *Souvenirs d'Alsace*, p. 275.

*

Pendant plus d'un mois, la fière cité combattit avec une prodigieuse résolution. Le 28 septembre, elle ne pouvait plus résister. Quarante-quatre pièces d'artillerie badoise et quatre-vingt-dix-sept prussiennes, canons rayés et mortiers, nuit et jour l'avaient mitraillée (1). C'est ainsi que notre noble chère ville de Strasbourg fut annexée à l'Allemagne.

L'Alsace avait cruellement souffert de la guerre de Trente ans, cette terrible guerre enfantée par la Réformation (2).

Par un décret de Louis XIV, des concessions de terrain avec des exemptions d'impôts pendant six ans furent accordées à tous les étrangers qui voulaient s'établir dans cette province. D'autres sages ordonnances, une régulière et paternelle administration améliorèrent graduellement sa situation, et, lorsqu'en 1675 les Impériaux essayèrent de l'envahir, Turenne les battait à Turckheim et Condé à Haguenau (2).

En 1748 et 1848, l'Alsace célébrait par des fêtes solennelles l'anniversaire séculaire de sa réunion à la France.

De cette réunion datait pour elle une vie toute nouvelle et bientôt une prospérité toujours croissante.

On voit par le dernier recensement qu'en moins d'un siècle sa population était doublée. En 1784, elle avait 624 400 habitants ; en 1866, elle en comptait 1 119 255 (3), environ 129 par kilomètre carré. Sur le même espace de terrain, on n'en compte, en France, que 70, et en Allemagne, 69.

Au développement de son agriculture et de son industrie, elle joignait les éléments d'un autre progrès.

Longtemps dans cette province inféodée à l'Allemagne, on

(1) Gustave Fischbach, *le Siège de Strasbourg*, p. 165.

(2) Ce que les historiens rapportent des résultats de cette guerre dans les divers Etats de l'Allemagne semble incroyable. Dans le duché de Wurtemberg, dit le colonel Mitchell, le nombre des habitants fut réduit d'un demi-million à 4 800 ; en Bohême, de 3 millions à 800 000 ; de 80 000 à 15 000 dans l'opulente cité d'Augsbourg. Dans la Hesse, 17 villes, 47 châteaux, 300 villages furent livrés aux flammes. Enfin, on calcule que cette guerre fit périr, en Allemagne, les deux tiers de la population et anéanti 30 000 villages. *Life of Wallenstein*, p. 407.

(3) 830 000 catholiques, 250 000 protestants, 36 000 juifs.

n'avait guère connu d'autre langue que la langue allemande. Les prêtres et les savants y ajoutaient le latin.

En allemand ont été composées les premières œuvres littéraires de l'Alsace : le poème de *Tristan et Yseult,* par Gottfried, de Strasbourg (1); *la Nef des fous,* par Sébastien Brandt (2); le *Gargantua,* de Jean Fischer (3) ; plus tard, en allemand aussi, les fables de Pfeffel, l'aimable poète (4) ; la comédie strasbourgeoise d'Arnold, dont Gœthe a fait un grand éloge (5), et plusieurs œuvres d'érudition de M. Strobel.

Au commencement du dix-septième siècle, la langue allemande était encore, en Alsace, la langue souveraine. Cependant, les gens des hautes classes, les châtelains, les riches bourgeois, apprenaient à parler français. Dans la province germanique des rives du Rhin et de l'Ill, la route ainsi s'ouvrait à notre glorieuse langue, qui est devenue dans toute l'Europe la langue des salons, la langue diplomatique (6) ; la langue qui, à travers le monde, a été plus loin que le grec par

(1) L'un des meilleurs romans de la Table ronde écrit vers 1207. Il a été reproduit dans la langue du dix-neuvième siècle par M. W. Herzt. Stuttgard, 1877.

(2) *Das Narrenschift,* le Navire des fols. Tableau des vices et des folies du temps en cent treize chapitres, publié à Bâle en 1494, traduit quelques années après en latin et dans la plupart des langues de l'Europe, réédité en 1838 par M. Strobel.

(3) Un des écrivains les plus distingués du seizième siècle pour la souplesse et la clarté de son style. Il a composé un grand nombre de poésies, moins estimées que sa prose.

(4) Né à Colmar en 1736, mort en 1809. Dès l'âge de vingt et un ans, il était aveugle. Le recueil de ses œuvres, en dix volumes, a paru de 1802 à 1810.

(5) Né à Strasbourg en 1789, mort en 1829. Son amusante comédie, *Der Pfingst Montay*, écrite dans le dialecte strasbourgeois, a été en partie analysée, en partie traduite par M. A. Michiels et publiée à Paris en 1857, avec de charmants dessins de M. Th. Schuler.

(6) En 1678, M. de Saint-Didier, qui accompagnait au congrès de Nimègue notre envoyé M. le comte d'Avaux, écrit : « C'est ici que l'on a vu les progrès de la langue française. Il n'y avait aucune maison d'ambassadeur où elle ne fût aussi familière que la langue maternelle. Bien plus, une preuve que l'on ne pouvait se dispenser de la savoir, c'est que les ambassadeurs anglais, allemands, danois et autres livraient leurs confidences en

les triomphes d'Alexandre; plus loin que le latin par les campagnes de Pompée et de César; plus loin que l'arabe et le turc par les conquêtes du Coran ; la langue universelle. L'Académie de Berlin a elle-même proclamé cette universalité par les prix qu'elle décerna, en 1784, à Rivarol et à Schwab (1).

Après l'alliance conclue par le traité de Westphalie, peu à peu, sans pression aucune, sans aucun acte d'autorité arbitraire, par un naturel effet d'attraction, la langue française pénétra au sein de la population alsacienne, à la ville et au village, dans la vie publique et dans la vie privée. Si elle ne remplaça point partout l'ancien dialecte du paysan, elle eut partout ses adhérents. Partout elle fut enseignée, écoutée, comprise, et, de cette langue aimée, les Alsaciens ont fait un bon usage. Ils ont dans leurs journaux, leurs revues, leurs discours, souvent proclamé, en un très correct français, leur affection pour la France. Ils ont acquis par leurs livres une très belle place dans la littérature française.

M. de Golbéry a publié en français ses *Antiquités du Haut-Rhin;* M. Frédéric Piton, sa magnifique description de Strasbourg ; M. Bacquol, un Dictionnaire topographique de l'Alsace ancienne et moderne (2) ; M. Willm, son *Histoire de la philosophie allemande;* M. H. Schnitzler, plusieurs ouvrages sur la Russie.

M. le vicomte de Bussières, le loyal, le laborieux, le savant écrivain, a, dans l'espace de quelques années, publié en français son *Histoire de la guerre des paysans,* son *Histoire des anabaptistes* et sa *Vie de saint Vincent de Paul;* M. Coulmann, ses *Réminiscences ;* M. Ernest Lehr, *l'Alsace noble et le*

français. Les deux envoyés danois convinrent entre eux d'écrire dans cette langue leurs communes dépêches. Pendant presque tout le cours des négociations, les écrits étaient en français, parce que les étrangers aimaient mieux s'y exprimer que dans toute autre langue dont l'usage n'était pas si universel. »

(1) Voir le savant livre de M. de Lescure, *Rivarol et la Société française*, Paris, 1884, et la dissertation de M. Schwab avec l'introduction de M. Robelot. Paris, 1803.

(2) Complété et réédité par M. Ristelhuber en 1865.

Patriciat de Strasbourg ; M. Véron Réville, son intéressante *Histoire de la révolution dans le Haut-Rhin ;* M. L. Spach, son *Recueil d'études*, cinq volumes remplis de biographies alsaciennes et de notices historiques, l'œuvre d'un esprit sagace et d'un écrivain consciencieux.

A l'Alsace, nous devons encore l'histoire des doctrines littéraires de l'Allemagne, par M. E. Grucker : les curieuses recherches historiques et littéraires de M. H. Welschinger ; le livre sur la vie future, par M. Scheffer, de Colmar ; les poésies de MM. Eschenauer, Fortin, Judlin ; les patriotiques souvenirs de M. Engelhard ; les romans de MM. Erckmann et Chatrian.

Les Alsaciens s'honorent aussi et très justement d'inscrire parmi leurs illustrations littéraires les noms de plusieurs femmes : Mme la baronne d'Oberkirch, dont les mémoires ont eu un très notable succès ; Mme Hommaire de Hell, qui a collaboré aux récits du voyage de son mari, et Mlle Clarisse Bader, qui a si bien étudié et si bien décrit la condition de la femme à diverses époques et en divers pays (1). Les savants reconnaissent la science de Mlle Bader ; les moralistes, ses saines idées ; les écrivains, ses qualités de style. L'Académie l'a trois fois couronnée.

De tout temps, les Alsaciennes se sont distinguées par leur courage et leurs talents. Au commencement du douzième siècle, l'empereur Henri V, étant en guerre avec le clergé, vint avec ses troupes camper devant Roufach qui appartenait à l'évêché de Strasbourg. Le commandant du château étant soumis à l'envahisseur, la ville ne pouvait lui résister. Mais voilà qu'un dimanche de Pâques, le brutal commandant enlève une jeune fille qui se rendait à l'église. La mère au désespoir appelle les hommes à son secours, et ils ne l'écoutent pas. Elle s'adresse alors aux femmes. Au nom de leurs enfants, elle les conjure de lui venir en aide, elle les excite, elle les enflamme, et soudain les voilà qui, avec leurs ustensiles de ménage, des pelles, des pioches, des gaules, montent au

(1) La femme grecque, la femme romaine, la femme dans l'Inde antique, la femme française dans les temps modernes.

château, surprennent la garde sans défense, tuent le coupable gouverneur, chassent la garnison. Cette étonnante victoire arrache les hommes à leur torpeur. Ils prennent les armes, s'avancent contre les Impériaux et les mettent en déroute. Henri, effrayé, s'enfuit jusqu'à Colmar, abandonnant sa couronne et son sceptre. Depuis cette époque, les femmes de Roufach ont la préséance dans toutes les cérémonies publiques. A l'église, leurs bancs sont à la droite du maître-autel.

En ce même temps, sur l'*Allitona*, les religieuses du cloître fondé par sainte Odile joignaient à leurs exercices de piété l'étude des lettres et des arts. L'abbesse Relindis, une parente de l'empereur Frédéric Ier, faisait des vers latins et enseignait cette langue à la communauté.

Une de ses élèves qui lui succéda dans ses fonctions de supérieure, Herrade de Landsperg, composa le célèbre livre intitulé *Hortus deliciarum* et en peignit les ornements.

Dans un rapport adressé au ministre de l'instruction publique en 1838, M. Jubinal disait en parlant de cette œuvre d'art et de piété : « Les nombreuses miniatures de ce monument qui représentent toute la vie extérieure de leur époque sont de la plus haute importance pour l'histoire de la symbolique chrétienne, de la panoplie, de l'architecture. Rapprochées de la tapisserie de Bayeux, elles éclaireraient plusieurs points encore obscurs de l'archéologie du moyen âge. »

Ce trésor du moyen âge était à la bibliothèque de Strasbourg. Il a péri en 1870 dans l'effroyable bombardement.

Et Sabine, la noble fille d'Erwin de Steinbach ! elle a bien mérité par ses œuvres d'art que son nom fût inscrit à côté de celui de l'immortel architecte dans la cathédrale de Strasbourg. La légende le dit, et quel est l'homme assez malheureux pour ne pas croire à la vérité des légendes ?

Une tradition populaire rapporte que chaque année, à minuit, à la fête de saint Jean, tous ceux qui ont travaillé à la construction de cette merveilleuse cathédrale sortent de leur tombe et se réunissent autour de leur monument.

A leur tête apparaît le vaillant Erwin et son fils qui fut son fidèle auxiliaire, et Jean Halz qui construisit la flèche du dôme, et la belle Sabine, que l'imagination du peuple se plaît à idéaliser. Elle s'avance, la noble artiste, vêtue d'une longue robe blanche, tenant d'une main le marteau et de l'autre le ciseau avec lesquels elle a sculpté tant d'imposantes figures de l'Ancien et du Nouveau Testament : la figure symbolique de l'Église chrétienne, Salomon et les apôtres, et l'Assomption de la Vierge.

Tous les braves ouvriers s'inclinent avec respect devant elle. Tous se reconnaissent et se saluent avec affection. Tous vont visiter les diverses parties de l'édifice auquel ils ont travaillé avec ardeur. Ils entrent dans le sanctuaire, ils pénètrent dans les chapelles, ils gravissent l'escalier de la plate-forme et les tourelles qui la surmontent. Ils se rappellent avec une pieuse émotion le temps où ils taillaient ces pierres, où ils dressaient ces hautes colonnes, où ils arrondissaient ces arceaux, où ils découpaient le feuillage, les chapiteaux et sculptaient ces innombrables statues de saints, de martyrs, de patriarches. Les étoiles qui brillent au ciel, les feux allumés en l'honneur de la Saint-Jean les éclairent dans leur marche et illuminent leur monument. Ils se réjouissent d'avoir fait un si bel emploi de leur vie et de voir leur grande œuvre si bien conservée. Puis l'heure sonne où ils doivent rentrer dans le silence de leur sépulture. Ils se saluent de nouveau et se quittent en se disant : « A l'année prochaine, à la fête de la Saint-Jean ».

La plupart des livres que nous avons cités ont paru avant 1870. Depuis cette année lamentable, l'Alsace, dans son assujettissement à la Prusse, n'a cessé de manifester par ses publications son attachement à la France et à la langue française.

Les héritiers d'une très aimée et très honorée maison, MM. Berger-Levrault, qui, après la guerre, ont transporté de Strasbourg à Nancy leur imprimerie et leur librairie, ajoutent chaque année quelques nouveaux livres à leur catalogue d'*Alsatica*. Ils se souviennent des généreux enseignements de leur père, et ils ont fondé, avec M. Seinguerlet, une revue mensuelle pour défendre les intérêts de l'Alsace et de la Lorraine.

A Strasbourg, en 1880, la librairie Haguenau a commencé avec M. le Roy de Sainte-Croix deux collections, qui, je l'espère, seront heureusement continuées. Dans la première, nous trouvons deux intéressants ouvrages : *les Quatre Cardinaux de Rohan, évêques de Strasbourg*, et *l'Alsace en fête ;* dans la seconde, plusieurs jolis volumes : les *Anniversaires glorieux de l'Alsace*, *les Dames d'Alsace*.

A Colmar, à Mulhouse, M. Ch. Grad, l'aimable écrivain, l'éloquent orateur, le courageux représentant d'Alsace au *Reichsrath*, a publié depuis quelques années plusieurs importantes notices. Il a écrit pour l'édification des Allemands son *Heimathskunde* (1). Il doit refaire en français la description de son cher pays. Elle sera lue avec empressement par ceux qui connaissent ses excellents ouvrages sur le Spitzberg, l'Australie et la Polynésie.

A Paris, M. Maisonneuve vient d'ajouter à sa collection de contes traditionnels (2) deux jolis volumes : *les Chansons populaires de l'Alsace*, par M. J.-B. Weckerlin, bibliothécaire du Conservatoire (3).

M. Weckerlin est né dans cette chère province. Il y retourne chaque année au temps des vacances, et il s'en va de village en village, interrogeant le laboureur et la fileuse, l'ouvrier et le soldat, tous ceux qui chantent ou qui chantonnent, tous ceux qui se rappellent une complainte ou un joyeux refrain. Avec les paroles, il veut avoir la musique, et, grâce à son talent spécial, il réussit à la noter à mesure qu'il l'entend. C'est ainsi que, peu à peu, il a recueilli les vieilles chansons du peuple avec leurs vieilles mélodies.

Il y a là des noëls plus religieux et plus doucement imagés que les célèbres *Noei* bourguignons de la Monnoye, des

(1) Un vol. in-8° à la librairie de Mme Jung. Colmar, 1878.

(2) Sébillot, *Littérature orale de la basse Bretagne ;* Luzel, *Légendes chrétiennes de la basse Bretagne ;* Maspero, *les Contes populaires de l'Egypte ancienne ;* Bladé, *Poésies populaires de la Gascogne ;* Lancereau, *Hitopadesa ;* Sébillot, *Traductions et Superstitions de la haute Bretagne ;* Fleury, *Littérature orale de la basse Normandie ;* Sébillot, *Gargantua dans les traditions populaires ;* Carnot, *Littérature orale de la Picardie ;* Roland, *Rimes et Jeux de l'enfance ;* Vinson, *Littérature orale des pays basques ;* Ortoli, *les Contes populaires de l'île de Corse.*

(3) Deux volumes in-18. Paris, 1883.

chants de guerre où éclate un vigoureux sentiment de courage et de patriotisme, des chants d'amour, les uns lestes et caustiques ; d'autres candides et tendres, des chansons de berceau et de fileuse d'une simplicité charmante :

Schlof Kindele, schlof,
Din Vaedder hinet die schof.

Dors, petit enfant, dors,
Ton père garde les moutons,
Ta mère secoue les arbres.
Il en tombe un petit songe.
Dors, petit enfant, dors.

Dors, petit enfant, dors,
Au ciel se promènent les moutons,
Les étoiles sont les agneaux,
La lune est le petit berger (1),
Dors, petit enfant, dors.

Avec ces naïves paroles ont été bercés des savants, des artistes, peut-être ces généraux alsaciens qui ont si vaillamment combattu pour la France : Kellermann, Kléber, Rapp, l'héroïque défenseur de Danzig.

M. Weckerlin a traduit fidèlement toutes ces strophes et ces couplets, prévoyant bien pourtant qu'il ne serait pas satisfait de sa tâche.

Par ses nombreuses voyelles, par la douceur de ses diminutifs, le dialecte populaire d'Alsace a une euphonie particulière. Il ressemble à l'allemannique, auquel Hebel a fait par sa prose et ses vers un si grand renom. Si exacte, si habile que soit une traduction, elle ne peut reproduire le caractère naïf de cet idiome ni son accent musical.

Mais M. Weckerlin ne s'est pas borné au travail de traducteur. Il a joint à ses chansons des notes instructives et une introduction où il signale par ordre de date toutes les illustrations littéraires de l'Alsace depuis saint Materne, le premier apôtre du pays, jusqu'à Schoeppflin, son savant histo-

(1) Le nom de la lune en allemand, *der Mond*, est masculin.

rien (1); depuis sainte Odile, l'humble cénobite, jusqu'à Arnold, le joyeux écrivain.

L'Alsace a eu, comme l'Allemagne, ses chanteurs de l'amour et du souvenir, ses *Minnesinger* (2) et ses maîtres chanteurs. Plusieurs de ces poètes des douzième et treizième siècles ont été si distingués que M. Van der Hagen, avec l'ardeur de son patriotisme teutonique, les a fait entrer dans sa collection de *Minnesinger* (3), prétendant qu'ils étaient Allemands.

L'un d'eux, Gottfried, de Strasbourg, est justement célèbre. Il accompagnait, comme Walter de Vogelweide, Frédéric Ier à la croisade. Il a composé un beau poème, comme Wolfram d'Eschenbach, un des héros des tournois de la Wartburg. Il a si bien décrit la grâce et la beauté d'Yseult qu'il méritait d'être honoré comme Henri Frauenlob, dont les femmes de Mayence pleurèrent la mort et dont elles voulurent elles-mêmes porter le cercueil dans la cathédrale.

M. Weckerlin a vraiment fait une bonne œuvre en publiant ses chants d'Alsace. Ainsi a fait, il y a quelques années, un noble lorrain, M. le comte de Puymaigre. Avec son religieux patriotisme, il a rassemblé les chansons de village dans le pays messin. Avec sa vaste érudition, il y a joint un trésor de notes, de citations et de comparaisons. En 1880, il a réimprimé ce curieux volume avec de nouvelles glanes et de nouvelles notes. Grâce à lui, nous avons en un beau recueil les poésies populaires de la Lorraine.

Alsace ! Lorraine ! Ces deux noms sont inséparables dans notre souvenir. Ces deux sœurs si braves et si fidèles qui nous ont été si cruellement enlevées !

Sous le sceptre étranger qui maintenant les gouverne, elles nous aiment, elles nous regrettent. L'œuvre fondée par M. le comte d'Haussonville à Paris, au Vésinet et en Algérie est un des témoignages de nos sollicitudes pour tout ce qui

(1) Son *Alsatia illustrata* a été traduite en 1849 pour M. Ravenez.

(2) Par une juste association d'idées, le mot *minne*, en suédois, signifie à la fois *amour* et *souvenir*.

(3) Minnesinger, *Deutsche Liederdichter des* 12, 13 *und* 14 *Jahrhunderts*. 3 vol. in-4°. Leipzig, 1838.

vient d'elles. Nous ne pouvons oublier le temps où elles vivaient de notre vie, et nous songeons avec douleur aux liens brisés.

Cette douleur ne sera-t-elle pas adoucie par une espérance ?

EXTRAIT DE LA REVUE BRITANNIQUE
Numéro d'avril 1884

PARIS. — TYPOGRAPHIE A. HENNUYER, RUE DARCET, 7.

1825 SOIXANTIÈME ANNÉE. 1884

REVUE BRITANNIQUE

REVUE INTERNATIONALE

PUBLIÉE SOUS LA DIRECTION

DE M. PIERRE-AMÉDÉE PICHOT

La **Revue Britannique** entre aujourd'hui dans sa soixantième année. C'est le plus ancien et, nous pouvons le dire avec quelque assurance, l'un des plus estimés des recueils périodiques français. Fondée à une époque où la littérature étrangère était peu connue en France, la **Revue Britannique** s'est inspirée d'abord des recueils de la Grande-Bretagne, d'où elle a extrait ou analysé chaque mois pour ses lecteurs les travaux les plus remarquables, puis étendant son cadre elle a été puiser ses inspirations dans les périodiques et dans les livres de tous les pays en complétant ses traductions ou ses analyses par des articles originaux. Des CORRESPONDANCES importantes lui sont adressées de toutes les parties du monde par des hommes en état de bien voir et de bien juger dans toutes les conditions sociales. Sans se renfermer dans les limites d'aucune spécialité, libre de tout engagement politique, la **Revue Britannique** a ouvert ses colonnes de la façon la plus libérale à la discussion de toutes les opinions sérieuses essayant de réaliser un véritable programme de REVUE. La longue faveur du public nous autorise à dire qu'elle y a réussi, et un coup d'œil jeté sur la *Table générale des matières* donnera une idée de la masse considérable de documents de tous genres que, depuis soixante ans, elle a placés sous les yeux de ses lecteurs, du nombre d'historiens, de romanciers, de savants, d'économistes qu'elle a fait connaître en France et qui lui doivent une partie de la vogue universelle dont beaucoup jouissent aujourd'hui. Fidèle au plan qui lui a été tracé par ses fondateurs, la **Revue Britannique**, par son sous-titre de **Revue internationale,** résume en deux mots tout son programme.

BUREAUX D'ABONNEMENT ET DE RÉDACTION

PARIS, 71, RUE DE LA VICTOIRE

CONDITIONS D'ABONNEMENT

	Un an.	Six mois.
PARIS	50 fr.	26 fr. 50
DÉPARTEMENTS	56	29 50
Pays faisant partie de l'Union postale	57	30 »
Etranger (à port double)	62	32 50

Paris. — Typographie A. HENNUYER, rue Darcet, 7.

www.ingramcontent.com/pod-product-compliance
Ingram Content Group UK Ltd.
Pitfield, Milton Keynes, MK11 3LW, UK
UKHW020551230726
13925UKWH00006B/2530

9 782013 628822